QUEL EST
LE PRINCIPAL LIBÉRATEUR
DE L'ESPAGNE?

RÉFLEXIONS
SUR CETTE QUESTION
EXPOSÉES

PAR UN AMI DE LA VÉRITÉ.

Ouvrage traduit de l'espagnol.

PARIS.

1820.

QUEL EST
LE PRINCIPAL LIBÉRATEUR
DE L'ESPAGNE?

LA question ne paraît pas difficile à résoudre, si l'on réfléchit sur ce qui vient de se passer à la vue de tout le monde. La nation espagnole ne s'est nullement trompée au premier moment de son émancipation ; des félicitations, des hymnes, des odes, des portraits, des bustes et des statues annonçaient de toutes parts, signalaient le principal fondateur de la liberté. Cependant la modestie particulière au grand homme semble avoir contribué à ce que son nom fût confondu avec d'autres noms célèbres. Mais celui qui ne fut pas le premier à proclamer la liberté, ni à faire des sacrifices pour la défendre, et qui n'a pas couru autant de hasards pour l'obtenir, doit-il planer au-dessus des autres et mérite-t-il de préférence les applaudissemens de la nation? D'un autre côté, les *Mémoires sur l'élan et les opérations de la première division et sur ce qui est arrivé à la colonne mobile des troupes nationales,* publiés par les chefs respectifs d'état-major (1), tout en laissant entrevoir le véritable promoteur et le vrai soutien de l'entreprise, se conforment cependant au langage modéré du COMMANDANT-GÉNÉRAL. Ces mémoires ne montrent pas l'influence particulière et énergique du chef assez clairement pour fixer l'opinion publique d'une manière irrévocable et suffisante et pour écarter toute méprise. C'est par eux que la vérité a commencé à être méconnue, et c'est ainsi qu'un nom illustre a été omis par un journal de la capitale de la France, lequel a été copié par les papiers publics de Madrid, pour rendre compte des médailles qu'on va frapper à Paris en l'honneur des plus célèbres défenseurs de la liberté espagnole.

---

(1) D. Evaristo S. Miguel et D. Fernando Miranda.

(5)

- Il est donc nécessaire de donner au public des notions plus circonstanciées pour soulever un coin du voile que la modestie avait tiré. En un mot, il faut que l'Espagne apprenne à connaître son principal libérateur, et que la vertu reçoive la récompense qui lui est due. Le principal auteur de notre félicité a pu partager le commandement de ses soldats et la gloire de l'entreprise avec tous les chefs d'un grade supérieur, POUR LES ASSOCIER A SES TRAVAUX; il a pu très-souvent renoncer aux honneurs que le gouvernement a dispensés dans la suite; il a pu s'empêcher de montrer dans les relations qui étaient publiées sous ses yeux, combien il a contribué au triomphe de la liberté. Cette modération fait ressortir son mérite incomparable, et montre la pureté de ses sentimens et le désintéressement qui a été la base de tous ses sacrifices. Mais cette modération même lui donne plus de droits à la reconnaissance de la patrie, et le premier hommage qui lui est dû, c'est l'exposition fidèle des faits qui doivent être proclamés par les témoins de ses actions éclatantes.

Je l'ai été depuis le commencement jusqu'à la fin l'entreprise, et je dois rendre témoignage à mon honneur et à la vérité. Ce n'est pas lui que je dois consulter sur ce point, ce n'est pas avec ses vues que je dois transiger; j'obéis à la voix de ma conscience, et je suis l'impulsion toute-puissante de la vérité.

Quel est celui qui le premier a fait retentir en Espagne le cri de liberté, qui a tiré l'épée pour la défendre, qui a cueilli les prémices de sa victoire? *Riego*. Qui, plus tard, a été le principal soutien de la liberté dans une lutte plus durable et plus opiniâtre, au milieu de sacrifices immenses et de fatigues continuelles et inouies? *Riego*. Qui a plus que tout autre alimenté, *dans l'intérêt* du peuple, le feu sacré du patriotisme, et excité par son exemple le mouvement général et décisif des provinces? *Riego*. Si je montrais ces vérités avec l'évidence qui les accompagne, tout le monde serait convaincu que Riego a donné la première impulsion à la glorieuse révolution d'Espagne, et que les progrès ainsi que la fin de ce grand évènement, *sont principalement son ouvrage ;* enfin que c'est à l'intrépide, au magnanime, à l'immortel Don Raphaël del Riego que la nation doit principalement *sa liberté politique,* et elle lui sera à jamais reconnaissante pour avoir été le premier qui ait fondé le bonheur de la patrie.

I. On avait concerté, pour le 1ᵉʳ janvier, un mouvement simultané d'un commun accord des chefs des bataillons qui étaient résolus de commencer l'entreprise. Don Raphaël del Riego, commandant le second bataillon des Asturies qui était à *las Cabezas de San-Juan,* devait marcher sur Arcos avec son bataillon et avec le second de Séville, stationné à Villamartin, afin de surprendre le quartier-général et l'état-major de l'armée de l'expédition. Le bataillon de

Séville avait reconnu Riego comme commandant d'armes de cette expédition, et Riego avait écrit à son chef, dans une lettre que je fus moi-même chargé de remettre, qu'il répondait sur sa tête de la réussite de l'entreprise. Il n'y a pas de doute que nul autre ne s'est autant hasardé, et j'ai la certitude que cette lettre est la seule qui ait été écrite dans cette occasion ; tout le reste n'a été que des paroles sujettes à équivoque et qui ne pouvaient nullement compromettre ceux qui les avaient proférées. Don Antonio Quiroga, auquel j'avais proposé moi-même de se mettre à la tête de l'insurrection, ayant effectivement été nommé général en chef, devait sortir en même temps d'Alcala de los Gazules à la tête des deux bataillons, deuxième d'Espagne et de la couronne, s'emparer par un coup de main du pont de Suazo, occuper ensuite le retranchement de la chaussée de Cadix, et pénétrer le lendemain dans cette même ville. La négligence et l'ignorance de la garnison, ainsi que la bonne disposition des habitans, assuraient la réussite de cette surprise.

Ce mouvement ayant été ainsi concerté entre les deux chefs, on vit enfin paraître ce jour à jamais mémorable dans les fastes de l'Espagne; Riego prit les mesures nécessaires pour exécuter le projet, dont le but était le salut de la patrie. Personne n'avait plus d'obstacles à surmonter. La commune de las Cabezas se trouvait au centre de trois quartiers-généraux; celui de la cavalerie de l'armée était à Utrera; celui de la seconde division d'infanterie à Lebrija; et celui du général en chef avait été établi à Arcos. Le moindre mouvement pouvait être aperçu et étouffé dès le commencement. Cependant rien ne peut retenir, rien ne peut intimider le commandant : non - seulement il se détermine à se mettre en marche malgré la pluie qui tombait par torrens, et malgré la défiance que lui inspiraient quelques officiers, mais il fait plus encore de ce qui avait été arrêté d'après

le plan de l'entreprise ; il exécute au-
delà de ce qu'il avait promis ; il pro-
clame le premier, dans cette même
commune, la Constitution de la Mo-
narchie ; il choisit des alcades provi-
soires et il établit le système consti-
tutionnel. Il ne peut résister à l'élan de
son patriotisme ; et, dès ce moment,
il commence à encourager les communes dont la conduite devait donner
la mesure de l'intérêt qu'elles por-
taient à leurs droits, et décider de
l'issue de la lutte. La commune de las
Cabezas, où retentit le premier cri de
liberté, sera regardée, par les races fu-
tures, comme le berceau de l'heureuse
régénération du peuple espagnol.

Il eût été dangereux de laisser trans-
pirer au dehors ce qui venait de se passer dans cette commune avant l'arrivée
des troupes, qui ne pouvaient se mettre
en marche que vers le soir. On eut la
précaution de placer des sentinelles
sur tous les points environnans. Le jour
suivant à trois heures du matin, le bataillon des Asturies, arrivé dans les en-

virons d'Arcos, fit halte, afin d'attendre
le bataillon de Séville qui devait le re-
joindre et agir de concert avec lui. Cependant le temps s'écoulait, et la ma-
tinée s'avançait sans que l'on vît la
troupe qui s'était égarée par la faute
des guides. Quelles ressources y avait-
il dans une position d'autant plus cri-
tique, que l'on était exposé à tous les
regards ? Le bataillon de garnison à
Arcos était du double plus fort que
celui des Asturies, et l'on a vu dans la
suite qu'à l'exception de quelques compagnies, il n'était guère d'accord avec
nous. La présence et la voix des chefs
pouvaient armer contre nous même
le petit nombre de ceux auxquels nous
nous fiions. Les généraux étaient maîtres
de la commune et pouvaient se retran-
cher dans les maisons : ils auraient été à
même de se défendre dans leurs loge-
mens, et leurs corps - de - garde pouvaient faire feu des fenêtres sur les
détachemens qui allaient les arrêter.
Les habitans, influencés par les autorités locales, auraient pu harceler

nos soldats comme il est arrivé ensuite à la colonne mobile dans quelques communes. Dans une position si désespérée, Riego distribue son monde; il marche rapidement sur la ville, et son audace est favorisée par la fortune. Tous les généraux sont arrêtés; la constitution est proclamée; on change les autorités municipales, et Arcos de la Frontera retentit du second cri de la liberté. On envoie sur-le-champ informer le général Quiroga de tout ce qui vient de se passer.

Quelqu'encourageante qu'ait été cette situation, elle n'en était pas moins dangereuse. Il n'y avait que les deux bataillons des Asturies et de Séville qui fussent déterminés à agir; ce dernier est entré plus tard dans Arcos, ainsi qu'un autre bataillon qui prit fait et cause, moins par sa propre volonté que par l'effet des circonstances. On ne savait rien des mouvemens de Quiroga, dont les intentions n'étaient garanties que par les assurances de ses agens. Notre position n'était pas aussi inaccessible que devait l'être celle de ce général, qui occupait l'île de Cadix. Nous avions en face 12,000 hommes qui restaient de l'armée d'expédition, et qui pouvaient agir contre nous. Quelques officiers subalternes du second bataillon d'Arragon, stationné à Bornos, avaient assuré Riego qu'ils étaient disposés à se ranger sous nos drapeaux ; cependant ils n'étaient pas d'accord avec les officiers supérieurs, et ils regardaient le Commandant comme leur ennemi. D'un autre côté, leurs propositions pouvaient être exagérées par leurs désirs ; et d'ailleurs quelle sûreté pouvaient offrir ces soldats, lorsqu'on n'était pas sûr de leurs chefs ? Il fallait donc risquer tout pour réussir. Le jour suivant, Riego, malgré le mauvais état de sa santé, se met en marche à trois heures du matin, et se porte sur Bornos avec trois cents hommes seulement. Il ne calcule pas le danger, mais la nécessité ; il est guidé par le génie de la liberté ; son cœur ne respire que l'amour de sa patrie.

Arrivé dans le voisinage de Bornos,
il distribue ses troupes et s'avance seulement avec son adjudant et deux or-
donnançes : il concerte l'opération avec
les officiers qui étaient dans sa confi-
dence, il fait battre la générale et or-
donne aux soldats de quitter leurs loge-
mens. Le bataillon sort tambour battant
et entre avec lui triomphant dans Arcos
au milieu des applaudissemens des officiers et des soldats qui, d'un commun
accord, le proclament leur commandant-général. Tous les bataillons, les
autorités civiles et militaires, les officiers en retraite et les employés de
l'armée jurent solennellement la Constitution. C'est ainsi que le vrai patriotisme se répand dans cette ville, où
l'on voit augmenter le nombre des
défenseurs de la liberté.

Cependant une inquiétude qui n'était
que trop fondée, mêlait l'amertume à
tant de motifs de satisfaction, et trou-
blait les sources d'une joie si pure.
Pendant cette journée et presque tout
le jour suivant, on ne savait rien de

l'issue du mouvement qui avait été confié à Quiroga ; jusqu'à quatre heures du soir, rien n'avait transpiré de ce qui avait fait échouer son opération. Ce général était resté tranquille à Alcala de los Gazules, jusqu'à quatre heures de l'après midi du 2, lorsqu'Ortra, actuellement capitaine du bataillon des Canaries, fut envoyé par Riego pour lui apporter la nouvelle officielle qu'Arcos avait été surpris, et que les généraux avaient été fait prisonniers. Alors Quiroga mit ses troupes en mouvement et fit avancer Don Miguel Badenas, capitaine de grenadiers, lequel, à la tête de deux compagnies seulement, s'empara avec intrépidité du pont de Suazo, et la bonne réussite de cette opération a décidé de l'occupation très-importante de l'île. Le commandant du second bataillon de la couronne, Don José Rodriguez Vera, n'a pas été aussi heureux dans la surprise de la Cortadura, qu'il avait eu ordre de prendre dans la même nuit avec quatre compagnies. Les retards éprouvés depuis ce moment ont donné le temps de faire pressentir le mouvement et de mettre la batterie en état de défense, ce qui a fait avorter le projet de s'en emparer et d'occuper la ville de Cadix.

D. Francisco Osorio, commandant de Séville, que Riego, dans la soirée du 2, avait envoyé d'Arcos avec deux autres officiers, a été autorisé par Quiroga, en vertu d'un ordre dont Osorio est encore possesseur, à se faire obéir par les officiers des bataillons de la Couronne et d'Espagne, comme si c'était Quiroga lui-même. Osorio prit toutes les mesures de précaution, établit des postes aux batteries, s'empara du château de Sancti-Petri, et lorsqu'il eut ainsi heureusement exécuté sa commission, le général Quiroga entra dans l'île.

Je suis bien loin de blâmer la conduite de cet illustre chef, et de lui demander compte de ses opérations. D'après la valeur et la détermination de ce général, je dois supposer que des obstacles invincibles se sont opposés sans doute à ce qu'il en agît d'une autre manière. J'aime à avouer que l'exécution de son plan n'a été retardée que par l'impossibilité de l'exécuter ; mais ce qui est incontestable, c'est que ce plan a échoué ; et comme il ne s'est mis en mouvement que deux jours après que la liberté fut proclamée, Quiroga a été moins heureux que Riego qui fut le premier à établir la constitution. Supposons qu'il y ait eu impossibilité de faire autrement : pour être l'auteur d'une entreprise, il faut avoir eu les moyens de l'exécuter.

Si Riego n'avait pas été le premier de tous à proclamer la constitution, et à s'emparer du quartier-général, y aurait-il eu quelque mouvement de la part des troupes sous les ordres de Quiroga, lesquelles sont restées dans l'inaction jusqu'à ce qu'elles aient été informées de ce qui venait de se passer? Si le projet de Riego n'avait pas réussi, comme il était à craindre, quel eût été le sort de ce général, qui était placé entre une victoire incertaine et l'échafaud? Quelle eût été la destinée des bataillons des Asturies et de Séville, sans la retraite qu'on leur avait préparée dans l'île? Je laisse à mes lecteurs la tâche peu difficile de résoudre ces doutes. Quelle que soit la tournure qu'eussent prise les affaires dans toute autre circonstance, je me bornerai à dire que dans l'état actuel des choses, et dans la vue des succès dont l'ouvrage a été couronné, le premier qui a proclamé la liberté, le premier qui a pris les armes pour la défendre, le premier qui lui a assuré la la victoire, a été Riego. Cela suffit pour qu'il soit regardé comme le principal fondateur de la liberté espagnole.

II. Cependant il l'a non-seulement proclamée et établie avant tout autre, máis aussi il l'a soutenue dans une lutte opiniâtre et désespérée, à force de fatigues et au milieu de dangers sans exemple. Car quels sont les sacrifices ou les risques comparables à ceux de la colonne mobile que Riego a commandée et conduite d'une manière si héroïque ?

Je n'entrerai dans aucun détail sur les sorties qu'il a faites , après être entré dans l'île de Léon, ni sur les deux expéditions pour le port Ste-Marie. La première, qui eut lieu le 10 janvier, avait pour but de protéger l'entrée de l'artillerie et du bataillon des Canaries, et l'autre de faire une diversion en agissant de concert avec l'insurrection préparée à Cadix pour la nuit du 24. C'est là où il s'est mesuré avec ses adversaires ; et, quoique supérieurs pour les armes et pour le nombre, il les a forcés deux fois à la retraite. Je ne parlerai pas de la pénible expédition de Médina, ni de l'attaque dangereuse de la Cortádura, dans la nuit du 16 janvier, parce que ce fut là qu'on le nomma général en chef. Le public est instruit de ces hauts faits par le Mémoire du sieur Miranda, chef d'état-major. Je ne parlerai que de la glorieuse et pénible expédition de la colonne mobile, laquelle a été commencée le 27 janvier , et n'a été

2*

terminée que le 11 mars, époque où l'œuvre de notre liberté a été achevée.

Riego avait reconnu, dès le commencement, combien il était nécessaire que les communes prissent part à la révolution. C'est pourquoi, en faisant prêter serment à la constitution et en nommant les autorités, il avait excité l'enthousiasme général à Las-Cabezas, à Arcos, à Xérès, au port de Sainte-Marie, à Puerto-Réal et à Médina. En parcourant ces pays, il a distribué des proclamations aux différentes communes. Cependant tout ce qui s'était fait depuis environ un mois, n'avait eu d'autre résultat que de faire renfermer les troupes dans l'île de San-Fernando, sans secours et sans espoir, de replacer les communes abandonnées sous le poids de l'ancien régime, et de les replonger dans le funeste assoupissement de la servitude. Riego, indigné de voir l'inaction dans laquelle la troupe se consumait, et les fers qui pesaient de plus en plus sur la nation, reconnut la nécessité de faire une sortie de la ville, afin de renouveler l'ardeur de l'entreprise, de procurer des subsistances à la troupe, de proclamer la liberté partout, de protéger les peuples qui s'exprimeraient sur leurs plus chers intérêts, de procurer un libre essor aux vœux comprimés par la terreur, de montrer la valeur des défenseurs de la patrie, et de les faire respecter par leurs ennemis. Il communiqua son projet au général Quiroga, et le désir qu'il avait de se mettre à la tête de l'expédition. Des ménagemens, que les auteurs des Mémoires publiés ont cru devoir garder à cet égard, ont été sans doute la cause que l'un de ces Mémoires attribue au général Quiroga la sortie de la colonne, qui, certes, ne pouvait se livrer à cette opération sans qu'elle fût approuvée par lui, et que l'autre se borna à dire que Riego en donna l'idée au général en chef, et que celui-ci l'a approuvée, conjointement à la junte supérieure du gouvernement. Cela est vrai ; mais on n'en est venu à bout qu'après plusieurs débats et beaucoup d'opposition. Il faut que le public sache que la plupart des chefs s'étaient opposés à cette résolution, que tous craignaient la séparation d'une partie de leurs forces ; qu'au premier bruit de la sortie projetée tous les membres de la junte firent au général Riego mille objections et mille observations sous des rapports militaires, et qu'ils y mirent tant d'énergie et tant de chaleur qu'ils lui arrachèrent la promesse de ne point dépasser Veger, et le forcèrent à laisser en garantie les bagages des soldats. Le génie tutélaire de l'Espagne a voulu que Riego seul fût l'auteur d'un projet de la réussite duquel dépendait notre liberté, et que tous les chagrins, tous les dangers, et toute la gloire de l'exécution fussent également son partage.

Qui pourrait entreprendre de les compter? Cette expédition à jamais mémorable serait digne de la plume d'un Xénophon. Trente-quatre communes parcourues en peu de jours, quoiqu'elles fussent éloignées l'une de l'autre de sept, neuf, et même de onze lieues ; cent quarante-deux lieues et plus faites presque sans relâche, souvent à marches forcées, au milieu de pluies continuelles et terribles, par des hommes manquant de chevaux, et presque toujours les uns sans souliers et les autres sans chemises et sans vivres ; tantôt gravissant des montagnes escarpées, tantôt traversant des plaines marécageuses ou passant à gué des rivières dont l'eau venait au genou ; s'exposant à tous les dangers des nuits obscures et orageuses, s'arrêtant au milieu des rochers pour attendre le jour, sans avoir d'autre toit que le ciel, endurant à moitié nus l'intempérie de l'air ; tels sont les obstacles qu'eurent à surmonter ces braves. Poursuivis avec le plus grand acharnement pendant l'espace de cent vingt-quatre lieues par un ennemi très-supérieur en nombre, qu'il fallait tour-à-tour attaquer avec audace ou repousser avec courage, ils marchaient souvent pendant trois lieues, toujours en se battant, souvent en triomphant, quelquefois en

perdant, mais sans jamais céder ni se
décourager. La célèbre retraite des dix
mille Grecs fut moins féconde en revers et en exemples de bravoure et de
persévérance.

Pouvait-on s'attendre à un tel effort
pour soutenir tant de fatigues, à un
tel degré de sang-froid pour affronter
le danger, de soldats accoutumés à l'oi-
siveté et à l'esclavage? Peut-on ne pas
les admirer en les voyant, après avoir
marché toute la nuit sur des rochers
escarpés, et la journée toute entière
exposés à une pluie continuelle, arri-
ver, transis de froid et accablés de fatigues, à la rivière de Malaga et la tra-
verser avec intrépidité ayant de l'eau
jusqu'au genou, en entonnant gaiement
des chants guerriers? Cette constance,
cette intrépidité prodigieuse comman-
dèrent le respect à l'ennemi qui en fut
souvent épouvanté. Il se présenta pour
la première fois dans les champs de
Taibilla, entre Algesiras et Veger, oc-
cupant la grande route à droite et à
gauche avec plusieurs colonnes de ca-

valerie, composées de huit cents hommes prêts à charger dans un plaine
aussi étendue, et assez puissans pour
accabler et pour détruire un corps tout
composé d'infanterie. Le général commandant fait faire halte ; il forme trois
colonnes serrées par échelons et dispo-
sées à recevoir l'attaque ; il couvre l'ar-
rière-garde avec deux compagnies de
chasseurs et donne l'ordre de marcher
à l'ennemi. Alors toute la colonne fait
entendre les cris accoutumés de *vive la
patrie! vive la constitution!* et l'on
avance toujours en chantant l'hymne
guerrier et patriotique (1). C'est avec ce
sang-froid et cette intrépidité, qu'ils tra-
versèrent presque deux lieues de plaine;
et l'ennemi qui ne s'était jamais vu
présenter le combat au milieu de chants
d'allégresse et bravant d'aussi grands
dangers, fut étonné et stupéfait comme

---

(1) Cette chanson, pleine d'images fortes et de sentimens sublimes, après avoir servi à la gloire de la patrie,
retentit maintenant dans les théâtres et dans les villes, elle
est dans la bouche de tout le monde. Elle a été com-
posée à Algésiras, par D. Evariste San Miguel, chef d'é-
tat-major.

s'il eût vu des hommes d'une nature supérieure; il resta immobile et plongé dans un profond silence.

Tous les soldats et même tous les officiers, quoique obligés de donner l'exemple, ne montrèrent pas une fermeté semblable. Tous les hommes ne sont pas des héros. Les désastres auxquels l'armée mobile se voyait toujours exposée, l'abandon où nous avaient laissés tous les corps de l'armée sur lesquels nous fondions notre espérance, et la tiédeur des peuples, qui se bornaient à former des vœux, sans se déclarer en notre faveur, étaient des circonstances terribles pour nous qui, séparés de tout le monde, bornés au seul terrein que nous occupions (1), ignorions ce qui se

---

(1) Nous perdîmes l'appui de l'île depuis le commencement de l'entreprise : le général Riego était décidé d'aller chercher nos adversaires, et d'augmenter la gloire de sa colonne, lorsque, le 7 février, il reçut une lettre du général Quiroga, dans laquelle celui-ci lui communiquait ses réflexions et le désir qu'il avait de le voir se jeter dans les bras de ses frères qui iraient au-devant de lui pour le recevoir. En conséquence de cette lettre, et par l'effet de la parole qu'il avait donnée de ne point dépasser Veger, Riego se replia sur l'île ; mais la posi-

passait au dehors, à l'exception des
mauvais traitemens qu'enduraient nos
prisonniers, et la fin horrible à laquelle
nous devions nous attendre. Il y avait
bien là de quoi excuser la pusilla-
nimité de ceux qui n'avaient pas assez
de fermeté pour affronter de plus
grands dangers. Mais des hommes
qui jusqu'au dernier moment ont
lutté contre l'adversité, et qui sont
parvenus à dompter la fortune contraire, ont eu la gloire de prouver à
l'humanité que les vertus ne sont pas
encore bannies du monde, et que, pour
trouver des modèles d'héroïsme, il
n'est pas nécessaire aujourd'hui d'aller

---

tion des troupes du général O'Donell, lesquelles se trou-
vaient sur le passage des nôtres, obligèrent Riego à
suspendre le mouvement et à envoyer des personnes
affidées à Quiroga pour l'informer de notre position et
l'inviter à agir à son tour. Ces messagers ne sont jamais
revenus. On a su plus tard la réponse faite par le général
Quiroga à Corton, chef du bataillon des Asturies, qui
avait été envoyé le dernier. Quiroga lui dit qu'il était dans
l'impossibilité de protéger l'entrée de la colonne, laquelle
n'avait qu'à se retirer et à se défendre le mieux possible
dans *la Sierra*.

les chercher dans les pages de l'histoire ancienne. Un corps de quinze cents hommes qui, après avoir lutté sans relâche pendant quarante-quatre jours contre toutes les calamités et tous les malheurs réunis, endurant tour-à-tour la faim, la nudité, l'épuisement des forces et la rigueur des élémens, se bat contre une armée trois ou quatre fois plus nombreuse, toujours acharnée et ayant constamment le dessus, commence enfin à s'affaiblir par les plus petites pertes, et souffre avec persévérance et sérénité jusqu'au danger d'une destruction totale, sans languir et sans se rendre, est un spectacle digne d'être admiré par les hommes, et mérite d'arrêter les regards de la Divinité.

Et quel autre que Riego a été l'auteur d'un prodige si rare, et a converti les soldats en autant de héros? C'est lui qui a excité et alimenté l'amour de la patrie et de la liberté dans le cœur de tant d'hommes à qui les noms de patrie et de liberté étaient inconnus. Il a su les captiver et maintenir leur union

par sa grande affabilité et par sa droi-
ture, en agissant, non pas comme chef,
mais comme compagnon et comme
ami des derniers subalternes. Il des-
cendait de cheval et marchait à pied
pour faire monter tantôt un soldat
épuisé de fatigue, tantôt un autre qui
était malade ou blessé. Jamais il ne
s'est occupé de sa personne, ni de sa
nourriture, ni du soin de se ménager
la moindre somme d'argent. Je ne
me suis jamais éloigné de ses côtés, et
je n'ai jamais cessé d'admirer un homme
d'une complexion si faible, se soumet-
tant à toutes les privations, et agissant
comme s'il eût été impassible. C'est lui
qui supportait toujours les plus grandes
fatigues, qui allait le premier au combat et qui se retirait le dernier. Ainsi
marchait-il aux souffrances et à la
gloire.

Et à qui la patrie est-elle redevable
de plus de sacrifices? Personne n'en a
soutenu la cause avec plus de vigueur
dans une lutte aussi difficile qu'opiniâtre.

III. La patrie ne doit son triomphe à personne autant qu'au général Riego. C'est lui qui a proclamé la liberté, et son exemple a donné le signal qui a montré aux provinces le besoin de s'opposer à l'oppression. Il n'y a pas de doute que toutes auraient encore mieux aimé demeurer dans un repos honteux, si les troupes qui les engageaient à un mouvement général, étaient restées dans l'inaction. « Comment (auraient dit les habitans des différentes communes) pouvons-nous espérer d'être affranchis par le secours de troupes cernées et captives? Est-ce qu'une poignée d'hommes qui ne peuvent rompre la ligne qui les entoure, qui sont coupés par une armée quatre fois plus nombreuse et supérieure en ressources, qui sont menacés, d'un côté, par des batteries inaccessibles, et entourés de l'autre par l'Océan, parviendront jamais à briser les chaînes de la nation? Que feront enfin ces troupes, sinon que se retirer ou s'anéantir? » Et quelle autre fin pouvait-on espérer dans une position

aussi fâcheuse? Les réflexions des habitans n'étaient malheureusement que
trop fondées, et, quand même ils n'eussent pas regardé notre sort comme dé-
sespéré, ils auraient du moins attendu
l'issue de l'entreprise, en se bornant au
rôle de spectateurs. Alors chaque jour
leur aurait fait voir que ces troupes restaient dans l'inaction, et que leur oisi-
veté était une preuve évidente de leur
impuissance et un exemple effrayant
pour quiconque aurait voulu hasar-
der le moindre mouvement. Est-ce
que des provinces paisibles et sans défense auraient pu tenter ce que des soldats armés et aguerris ne pouvaient ni
poursuivre, ni achever?

C'est ainsi que tout le monde se tint
tranquille au premier moment de l'insurrection. Les hommes les plus réflé-
chis et sans confiance croyaient qu'elle
allait être promptément étouffée dans
l'étroite enceinte où l'on combattait
pour elle; les plus crédules, ou ceux qui
se laissaient emporter à leurs désirs,
espéraient une explosion que démen-

tait le retard, et que les forces toujours croissantes et le voisinage de l'ennemi rendaient tous les jours plus difficile, et même impossible. L'ambition elle-même trouvait peu d'aliment ; il était évident que les troupes de San-Fernando ne quittaient pas le peu de terrain qu'elles occupaient, et qu'elles ne pouvaient avancer un seul pas sans sortir de leur position. Les communes voisines du foyer de l'insurrection se voyaient par-là même obligées de s'y opposer en contribuant à l'armement et à l'approvisionnement des troupes qui combattaient pour la cause contraire. Les ministres, usurpant le nom du roi, récompensaient les services qu'elles venaient de rendre par des éloges qui sont toujours flatteurs pour les oreilles de la multitude. Ils firent même que le roi écrivît des lettres de remercîment aux villes de Séville et de Cadix. Ces lettres ont été reçues dans l'une et l'autre de ces deux villes avec la plus vive reconnaissance. Tant il est facile de séduire la haute et la moyenne noblesse espagnoles, et de les assoupir par les accens trompeurs de celui qui loue leur fidélité même aux dépens de leurs intérêts les plus chers. Les provinces ont été bercées dans ce sommeil léthargique pendant tout le mois de janvier.

Mais à la fin de ce mois la colonne se mit en mouvement, et fixa de nouveau l'attention générale : les provinces étaient dans la plus grande attente, et suivaient des yeux le mouvement qui s'opérait. La renommée se répand que les soldats parcourent les communes en prêtant serment à la constitution ; qu'ils sont reçus par les habitans de Veger au son des cloches ; qu'à Algesiras leur entrée est signalée par des fêtes et par des réjouissances publiques ; qu'ils traversent, en chantant, les rangs de l'armée ennemie qui n'ose pas les attaquer. Les proclamations qu'ils distribuent, circulent et sont lues partout. L'imagination, frappée par leur sortie subite, par la rapidité de leur marche, par la vigueur avec laquelle ils repoussent leurs adversaires, s'associe à leur gloire et se peint des triomphes qu'on n'a pas encore obtenus, des réunions prématurées et des renforts qu'on espère toujours. Le bruit se répand que sur un point le régiment Farnese venait de faire sa jonction; sur un autre, c'étaient les dragons du roi : leur nombre était déjà de cinq mille hommes; un instant après il est de sept mille; un peu plus tard de neuf mille : les uns parlaient d'un secours d'arrivé d'Angleterre, les autres des États-Unis. Voilà les bruits qui circulaient dans les communes les plus voisiues du théâtre de ces événemens.

Les nouvelles répandues par la renommée qui se fortifie en marchant, se grossissaient toujours avant de parvenir aux provinces éloignées : alors il n'était plus question que des triomphes et des succès toujours croissans de la colonne mobile, des défections qui venaient d'avoir lieu dans l'armée sous les ordres du général Freyre, del'entho usiasme avec lequel les communes recevaient et secouraient leurs libérateurs.

Les nouvelles contraires que le gouvernement donnait de temps en temps, étaient reçues avec méfiance, et cela n'était pas sans fondement. En effet, la persévérance du général Riego était la cause principale du crédit qu'on accordait aux nouvelles des victoires remportées par la division qui était sous ses ordres. Il était évident que ce général résistait à un puissant ennemi, que, malgré les attaques continuelles auxquelles il était en butte, il ne renonçait pas à son projet, qu'il volait de commune en commune pour y proclamer la constitution, et que malgré tant de chocs et tant de marches pénibles, il se soutenait toujours en poursuivant son entreprise. Il était donc plus raisonnable d'attribuer cette persévérance à des avantages obtenus et à de nouvelles forces acquises qu'il n'eût été facile de deviner le prodige étonnant d'un chef dont les forces s'augmentaient par l'effet même de revers et de pertes continuelles. Si Riego se fût découragé, s'il n'eût pas su combattre et ménager son monde , s'il n'avait pas suivi son plan avec opiniâtreté et sans céder à la crainte d'une destruction totale, toutes les communes se seraient aperçues de la faiblesse de ses moyens et de la nullité de l'appui qu'elles allaient lui offrir pour opérer une insurrection générale.

Mais les provinces étant enfin animées par l'exemple d'une constance inouie, poussèrent un cri général. Les plus éloignées d'entr'elles où les échos de nos victoires avaient retenti avec plus d'éclat, furent les premières à élever la voix. Dans les proclamations et dans les manifestes adressés aux habitans, on n'a rien oublié de tout ce qui pouvait les exciter à briser les chaînes de la servitude. On disait, dans ces écrits, que « l'armée nationale parcourait librement l'Andalousie, en consolidant le système de liberté désiré par les peuples et que tout le monde s'empressait d'établir : que l'impulsion donnée par l'armée était déjà suivie par plusieurs communes ; que l'ennemi avait été écrasé, et que le vainqueur était déjà entré dans

Malaga ; enfin, que l'on voyait par-tout flotter le drapeau de la liberté ». J'ai encore sous les yeux plusieurs écrits imprimés en Gallice et dans l'Arragon, et c'est précisément de ces mêmes écrits que ces phrases sont littéralement co-piées. J'ai la certitude que des expres-sions semblables se trouvent dans les nouvelles imprimées qui furent pu-bliées dans les autres provinces. Tout cela prouve que s'il est vrai que le sou-lèvement de l'armée d'outre-mer n'est dû qu'au général Riego qui a prononcé le premier le mot de liberté à Las-Ca-bezas, il n'en est pas moins vrai que le mouvement général et décisif des pro-vinces est dû principalement à ce même Riego, qui a fait retentir le nom sacré de liberté sur tous les points que la colonne a parcourus : son exemple et le bruit de ses exploits y ont excité l'enthou-siasme général.

L'ignorance elle-même ne pourrait élever le moindre doute sur ces faits, et la jalousie ne parviendra jamais à les obscurcir. Le général Riego a proclamé la liberté de la patrie avant qu'aucun autre osât en parler; il a été le premier à prendre les armes pour la défendre : ce fut à Arcos où il en a cueilli les premiers lauriers. Il a fait, plus que tout autre, des sacrifices pour la cause de la nation, cause qu'il a toujours soutenue dans une lutte inégale, toujours sanglante et toujours désespérée, au milieu de souffrances et de dangers dont l'histoire n'offre aucun exemple. Riego a contribué, plus que tout autre, au soulèvement général qui a décidé irrévocablement du triomphe de la liberté. *Donc Riego est le principal libérateur de l'Espagne.* C'est à lui que la patrie doit le germe précieux de cette plante bienfaisante, ainsi que sa culture, et les doux fruits que nous commençons à cueillir, et que nos neveux cueilleront plus abondamment. « Gloire éternelle « au héros Riego et à tous les braves « qui l'ont suivi et qui le suivent dans « l'entreprise sublime dont le but a « été le salut de la patrie. Il arrivera, « n'en doute pas, ô illustre capitaine

« et nouveau *Pelage* (1), il arrivera cet
« heureux moment où ton héroïsme
« sera récompensé, où l'on te portera
« en triomphe dans le temple de la sou-
« veraineté nationale. Là, au milieu
« des acclamations d'un peuple ivre de
« l'enthousiasme de la reconnaissance
« pour celui qui a brisé les chaînes de
« la servitude, et aux sons mélodieux
« des bénédictions des pères de la pa-
« trie, le président du congrès ornera
« ton front de la couronne de laurier
« que la nation a préparée, et qui bril-
« lera sur ta tête en répandant la splen-
« deur de la liberté, splendeur plus
« rayonnante que celle du diadême des
« tyrans (2).

____

(1) Le lieutenant-colonel Riego est né dans les Asturies,
patrie du célèbre Pelage qui, ayant été le premier à former
le projet de chasser les Maures, les défit en 716, et fut
proclamé roi de Léon et des Asturies. Il mourut en 737.

(2) Proclamation à l'invincible nation espagnole, im-
primée à Londres le 29 janvier de cette année.

IMPRIMERIE DE CHAIGNIEAU FILS AÎNÉ,
ruc de la Monnaie, nᵒ 11.

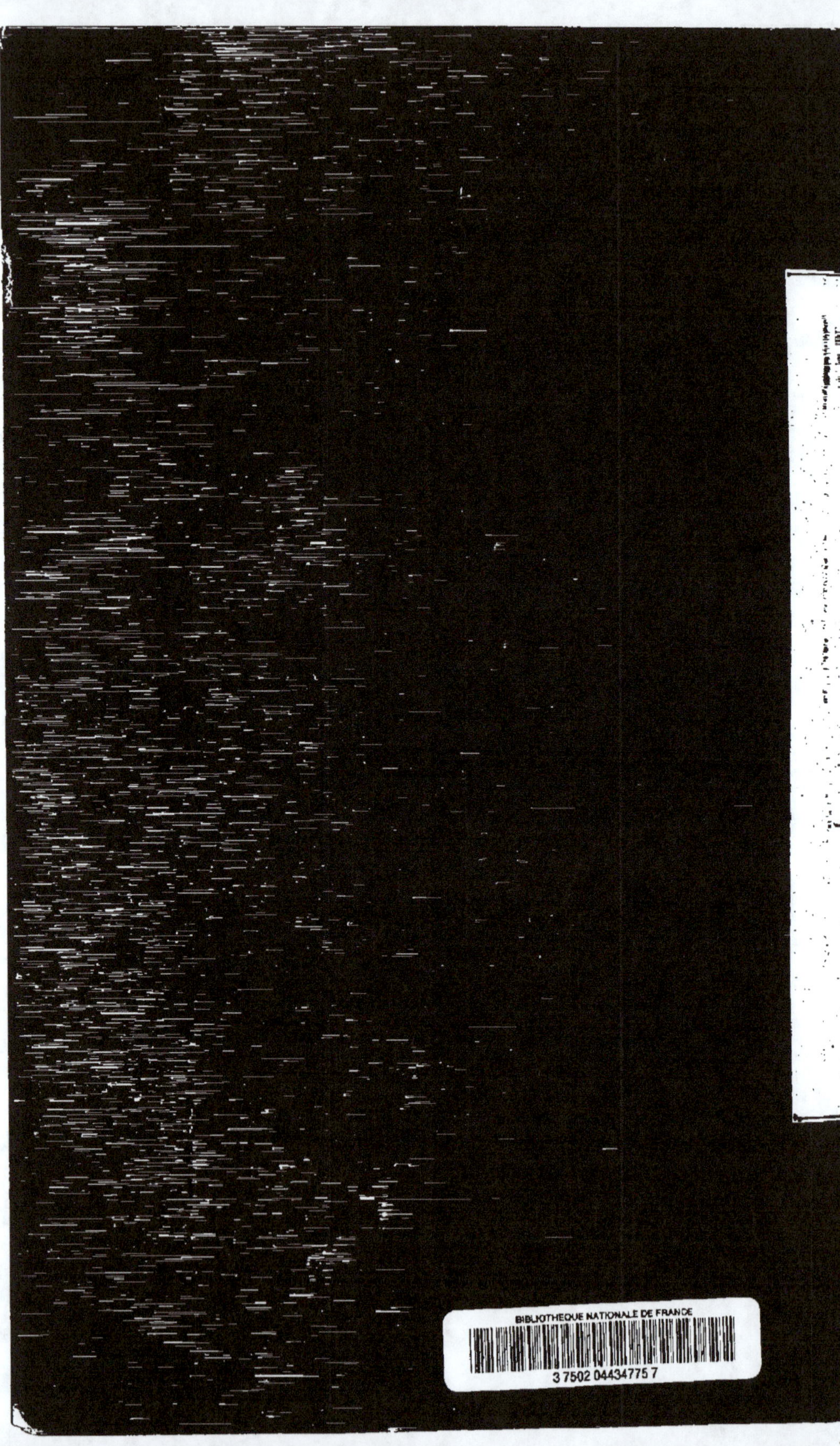